AF258281

Une commission a été formée par Son Exc. le Ministre des finances pour examiner la demande de la Compagnie transatlantique ayant pour objet d'obtenir, relativement à son point d'attache aux Antilles, une modification à la loi du 22 juillet 1861.

Elle se compose :

Pour le département des finances, de M. Vandal, Directeur général des postes, Conseiller d'État, Président ;

De M. Roy, Sous-directeur au Secrétariat-général.

Pour le département des affaires étrangères, de M. Noël,.Sous-directeur des affaires politiques.

Pour le département de la marine, de M. le Contre-amiral Penaud ;

De M. le capitaine de frégate Kerallet.

Pour le département du commerce, de M. Ozenne, Directeur du commerce extérieur.

La commission, ayant divisé ses investigations en cinq questions, savoir :

1° Intérêts politiques et militaires ;
2° Convenances et sûreté des rades ;
3° Service postal ;
4° Intérêts commerciaux ;
5° Intérêts de la Compagnie ;

a, dans sa séance du 5 de ce mois, entendu, sur la première question, M. de Bouillé, représentant de la Guadeloupe, qui s'est ainsi exprimé :

Messieurs,

Depuis longtemps il est généralement admis que la Martinique est d'une plus grande importance politique et militaire que la Guadeloupe , et c'est aujourd'hui sur des considérations politiques et militaires qu'on semble surtout s'appuyer pour arriver à faire de Fort-de-France le point de ralliement des steamers de la nouvelle Compagnie transatlantique.

Il est indispensable de sonder à fond cette question, et de savoir enfin sur quelles bases repose une pareille opinion.

S'agit-il de la politique de la France à l'égard des divers États du nouveau monde ?

Mais la Martinique et la Guadeloupe, aussi avantageusement situées l'une que l'autre dans cette partie de l'archipel des Antilles connue sous le nom d'*Iles du vent*, ont toutes deux une population brave, intelligente, attachée à la mère patrie et digne de sa confiance; une égale importance agricole , manufacturière et commerciale ; une même tendance à élargir le cercle de leurs transactions avec les pays qui les avoisinent. Elles peuvent donc, au besoin, concourir dans la même mesure au maintien de l'in- fluence de la France dans les différentes régions que baigne l'im- mense golfe du Mexique.

Veut-on parler de sa politique à l'égard de ses propres colonies?

Mais il serait alors nécessaire de nous démontrer comment la Martinique reproduit mieux que la Guadeloupe l'image de la sou- veraineté française aux Antilles ; de nous expliquer comment et dans quelle circonstance on pourrait être conduit à créer dans la première de ces îles une centralisation, moins faite , en tous cas, pour s'implifier les services publics que pour propager plus rapidement encore dans l'autre île les désordres dont elle viendrait à donner le signal; enfin, de nous prouver comment il serait d'ailleurs possible de confondre les intérêts et réunir sous l'autorité d'un même chef le gouvernement de deux pays dont l'autonomie politique et militaire, administrative et financière, a été dès longtemps consacrée et en dernier lieu proclamée par la constitution qui les régit présentement et qui , sur chacune des matières que je viens de rappeler, exclut définitivement toute pensée de suprématie d'une colonie sur une autre colonie.

La ville de Fort-Royal a pu être utilement érigée en ville capitale lorsque le drapeau français flottait, à sa droite, sur Saint-Christophe comme sur la Guadeloupe, et, à sa gauche, sur Saint-Lucie et la Grenade ; car elle se trouvait exactement au milieu de cette sorte de *pentarchie* coloniale ; mais aujourd'hui que nous n'avons plus que deux établissements en ces mers, la Martinique ne saurait être considérée comme un centre par rapport à la Guadeloupe, pas plus que la Guadeloupe ne saurait être considérée comme un centre par rapport à la Martinique. Il est même à remarquer, en ce qui concerne leurs relations avec la métropole, que les ordres et instructions que celle-ci est dans le cas d'y expédier ont un trajet plus long à faire pour parvenir à la Guadeloupe en passant par la Martinique que pour parvenir à la Martinique en passant par la Guadeloupe.

L'Angleterre, je le sais, a encore un chef-lieu aux Antilles. Les nombreuses possessions qu'elle y a conservées en justifient peut-être le maintien. L'Angleterre, néanmoins, ne s'est point crue obligée d'y placer le relais de sa ligne que, par des raisons semblables à celles que le Directeur de la Compagnie aura à exposer tout à l'heure devant vous en faveur de la Guadeloupe, elle a établi à Saint-Thomas, dans une colonie étrangère ! Les Anglais, qui, en général, excellent dans la pratique des affaires, ont été peu touchés des convenances, tout à fait imaginaires en pareille occurrence, de la question politique et militaire, et ne se sont préoccupés que de la solution, infiniment plus intéressante pour le public et même pour le gouvernement, de la question postale et commerciale.

Messieurs, ce mot *politique,* qu'on emploie si souvent, est , il faut en convenir, bien vague. Il embrasse beaucoup de choses, ou plutôt il se retrouve dans toutes les choses de ce monde, grandes ou petites, importantes ou insignifiantes ; et puisque nous nous occupons en cet instant de messageries maritimes, la bonne politique, permettez moi de vous le dire au nom même des intérêts considérables et distincts dont chacun de vous est ici le représentant éclairé, la bonne politique, — c'est de faire que la malle et les voyageurs arrivent le plus promptement possible à leur desti- nation.— C'est de tracer de telle sorte l'itinéraire des steamers que, sans trop dévier de la ligne droite, ils puissent, de préférence, desservir les grands centres commerciaux. —C'est de ménager, autant que faire se peut, la situation de la Compagnie, afin de lui ravir l'occasion de venir un jour réclamer une plus forte subvention qu'il n'y aura peut-être plus possibilité de lui refuser. —C'est, au moyen même des facilités qu'on lui aura accordées, d'étendre le réseau transatlantique vers d'autres points avec lesquels il peut être utile au Gouvernement d'entretenir officiellement des rapports ré- guliers. —C'est, au lieu de deux ports qui se toucheront, comme le Carénage et la baie Destourelles, et, en cas de revers, subiront le même sort, d'avoir dans chaque colonie un port accessible aux plus gros vaisseaux de l'État; un port de relâche pour nos escadres, lorsqu'elles sont battues par la tempête;—de refuge, quand elles sont poursuivies par un ennemi supérieur en nombre ; — de ravitaille- ment, lorsqu'elles ont à secourir le pays ou à se réparer elles- mêmes ; — en un mot, de rassemblement, quand elles ont à pré- parer une expédition conjointement avec des troupes de terre.

Malgré toutes les fortifications dont on a hérissé Fort-de-France, mais dont l'effet a été rarement celui qu'on en attendait, je n'a- perçois pas plus sur le terrain des intérêts militaires que sur celui des intérêts politiques les motifs de la prééminence que l'on voudrait attribuer à la Martinique.

La guerre survenant, il n'y aura, il me semble, que l'un ou l'autre de ces deux partis à suivre : ou de prendre l'offensive, ou de se tenir sur la défensive.

Dans le premier cas, la base des opérations sera à la Guadeloupe pour les entreprises à faire sur les colonies du Nord, comme elle sera à la Martinique pour celles à effectuer sur les colonies du Sud ; et le quartier général aura à se transporter à l'une ou l'autre île, suivant le plan de campagne adopté.

Dans le second cas, qui n'aura sa raison d'être que dans celui de notre infériorité sur mer, les communications devenant très-incertaines ou étant même entièrement rompues, le général en chef de l'armée des Antilles ne pourra exercer d'une manière effective son commandement sur les troupes stationnées dans les deux colonies, qui seront conséquemment réduites à se défendre avec les seules forces qu'on aura mises à leur disposition, et que, par cette raison, on aura dû également répartir entre elles. C'est ce qu'avait compris le gouvernement consulaire, qui, en réorganisant, en 1801 et 1802, les gouvernements coloniaux, avait institué un capitaine général à la Martinique et un capitaine général à la Guadeloupe, indépendants l'un de l'autre, et ayant en main des ressources égales pour s'opposer à une descente de l'ennemi.

Cependant, c'est à la Martinique, vous dira-t-on, que doit être concentrée la plus grande partie des troupes, parce que de la conservation ou de la chute de cette colonie dépend la conservation ou la chute de la Guadeloupe. Messieurs, c'est là un préjugé démenti par l'histoire ; un préjugé qu'il importe de détruire en vous citant brièvement quelques faits que, pour ne pas fatiguer votre attention et abuser de vos moments, je n'irai chercher que dans notre dernière guerre avec l'Angleterre.

En février 1794, les Anglais débarquent à la Martinique. Après quelques petits combats vaillamment soutenus en divers endroits de l'île, la garnison, forte de neuf cents hommes de ligne ou de milices, s'enferme dans le fort Bourbon, principale place de guerre du pays. L'ennemi en fait aussitôt l'investissement et parvient, au bout de trente jours de tranchée ouverte, dont huit de bombardement, à ruiner entièrement les ouvrages et le matériel de défense.

Le général Rochambeau est forcé de capituler. La Martinique est perdue pour la France, et le port du Carénage pour la marine française.

Peu après le général Grey fait la conquête, ou plutôt prend possession de la Guadeloupe, que ne gouvernait alors aucune autorité régulièrement constituée et ne défendait aucune troupe réglée; mais il commet la grave faute de dégarnir la Pointe-à-Pître, qui lui paraît un point peu important. Une petite expédition française, formée de quelques centaines de volontaires républicains, et arrivée à propos dans ces parages, sous la conduite d'un commissaire de la Convention, profite de la négligence des Anglais pour pénétrer dans la ville, après avoir enlevé de nuit le fort Fleur-d'Épée, et y arborer le drapeau national, autour duquel viennent spontanément se ranger tous les colons patriotes.

La Pointe-à-Pître, vainement bombardée par la flotte de l'amiral Jervis, reçoit et repousse vigoureusement les attaques multipliées de fortes colonnes dirigées contre elle pendant vingt-cinq jours environ. La dernière de ces infructueuses tentatives, effectuée dans l'enceinte même de la place, a été tellement meurtrière pour les assaillants qu'ils n'ont d'autre parti à prendre que de se retirer dans les postes qu'ils occupaient précédemment.

Cette belle défense, qui va totalement changer la face des choses dans la colonie, n'a pourtant rien de bien surprenant. Protégée, d'un côté, par les nombreux îlots qui l'environnent, et se prolongent au loin, la Pointe-à-Pitre, qu'on aurait, d'ailleurs, peine à bloquer hermétiquement, est couverte de l'autre côté par une chaîne de mamelons détachés les uns des autres, et laissant entre eux d'étroits défilés, dans lesquels on ne saurait impunément s'engager.

Cependant, les colons, victorieux, sortent de leurs retranchements et se portent à la rencontre de l'ennemi, le surprennent et le forcent dans son camp, marchent hardiment sur la Basse-Terre et mettent le siége devant le fort Saint-Charles, que le général Prescott se décide bientôt à évacuer.— Le pays est dès lors délivré de la domination étrangère !

Tel est textuellement le sommaire de ce glorieux chapitre de l'histoire de la Guadeloupe.

Des événements que je viens de retracer vous avez déjà dû tirer cette conclusion : que, s'il n'a pu suffire aux Anglais de devenir maîtres de toutes les positions stratégiques de l'île pour s'emparer de la Pointe-à-Pître, il a, au contraire, suffi aux Français de rester maîtres de cette ville, non-seulement pour reconquérir la colonie, mais pour fondre ensuite sur celles de Saint-Martin, de Saint-Eustache et de Sainte-Lucie qui tombent successivement en leur pouvoir.

C'est alors qu'on voit surgir de la Guadeloupe ces fameux corsaires qui, pendant plusieurs années, tiennent en échec les forces navales de l'Angleterre et causent un dommage réel à son commerce ; qui ne rentrent jamais dans leur repaire qu'avec un immense butin et font de la Pointe-à-Pître, en ces temps de calamité, le plus riche entrepôt des Antilles.

Maintenant, je le demande, et je ne crois pas m'écarter en cela de cette question politique et militaire sur laquelle vous avez bien voulu m'admettre à exprimer mon sentiment, je le demande : laquelle des deux colonies représentait et soutenait mieux en ces circonstances les intérêts politiques et militaires de la France aux Antilles ?

De la Martinique, courbée, non certainement par la faute de ses courageux et fidèles habitants, sous les rigueurs du joug britannique, ou de la Guadeloupe, devenue, hélas ! pour son malheur, une véritable puissance malgré son isolement de la métropole; imprimant partout la terreur ; dictant la loi aux neutres ; châtiant le commerce américain de ses complaisances envers le commerce anglais ; continuant ses courses contre les navires de ce dernier jusque dans les rades et sous le canon des forts où ils vont s'abriter, et défiant la Grande-Bretagne elle-même, à ce point qu'une armée de vingt mille hommes, réunie à la Barbade sous les ordres du général Abercromby, n'ose venir l'attaquer !....

Mais retournons un instant à la Martinique, plus froissée à cette époque dans sa fierté nationale que dans sa fortune territoriale et commerciale de l'occupation étrangère qui, en définitive, l'avait sauvée, corps et biens, de la tourmente révolutionnaire.

Cette colonie, enfin, avait été, par la paix d'Amiens, restituée à la France.

En janvier 1809 les Anglais y débarquent de nouveau. Après avoir bravement, mais inutilement, défendu un camp retranché adossé à la redoute Bouillé, abandonné le fort Saint-Louis et fait sauter la frégate l'Amphitrite récemment arrivée dans le port, on rappelle dans la forteresse toute la garnison, composée de deux vieux régiments de l'ancienne armée du Rhin. L'ennemi en fait aussitôt l'investissement, et, au bout de vingt jours de tranchée ouverte, dont cinq de bombardement, l'amiral Villaret de Joyeuse est forcé de capituler. La Martinique est, encore une fois, perdue pour la France, et le port du Carénage pour la marine française.

Il est bien de le dire : le fort Bourbon, ou fort Desaix, que les Anglais avaient entièrement rasé après ce dernier siége et que le département de la marine a fait rétablir, a contre lui ses abords, presque partout fort incommodes aux sorties de la garnison, et le morne Surrirey, qui le domine sur son principal front d'attaque. Quant au fort Saint-Louis, destiné à défendre la rade et le port, si toutefois il peut se défendre lui-même contre une sérieuse attaque de mer, il ne lui est plus possible de tenir quand on a pris le fort Desaix, qui, plus élevé de 150 mètres, peut facilement le foudroyer.

Cependant, bien qu'en possession de la Martinique, le général Beckwith hésite durant toute une année à attaquer la Guadeloupe, dont le souvenir faisait encore frissonner ses soldats. Dans cet intervalle s'accomplissent deux faits qu'il est essentiel de vous rapporter, car ils vous prouveront combien il est fâcheux que la Pointe-à-Pître ne soit pas un port aussi bien de guerre que de commerce.

En effet, l'Empereur est informé des projets et même des préparatifs de l'Angleterre contre nos possessions d'outre-mer. Il se souvient du patriotisme et de la valeur des habitans de la Guadeloupe et veut, à tout prix, conserver cette colonie à la France. Des ordres sont donnés pour aller immédiatement à son secours. Une division de trois vaisseaux et de deux frégates armées en flûte est réunie à Lorient sous le commandement de l'amiral Troude ; elle reçoit à son bord six cents hommes pour renforcer la garnison, des munitions de guerre et de bouche. On part..... on est en vue des côtes de la Guadeloupe. Où ira-t-on ? à la Pointe-à-Pître ? non ! les vaisseaux n'y peuvent aborder. On se réfugie aux petites îles des Saintes, qui, fortifiées ou non, et en supposant qu'il y ait dans leur rade sécurité contre l'ennemi, ne sauraient, une fois bloquées, faire une longue résistance. On n'y a pas plutôt jeté l'ancre qu'on est cerné par vingt-cinq ou trente voiles. La communication avec la Guadeloupe est interceptée et le but de l'expédition manqué. Les Anglais se déterminent à prendre les Saintes

pour se saisir de la proie qu'elles renferment. Ils réussissent......
L'amiral Troude n'a que le temps, pendant la nuit, de couper ses
câbles. et d'appareiller, emportant avec lui tout ce qu'il avait à
remettre à la colonie. A quelques jours de là un de ses vaisseaux,
le d'Hautpoul, est dans la dure nécessité d'amener son pavillon.

Huit mois plus tard, nouvel envoi de deux flûtes, la Seine et la
Loire, ayant à bord quatre cents hommes de troupes, des vivres
pour la garnison, et deux millions pour le trésor colonial entièrement vide. On part...... on est en vue des côtes de la Guadeloupe.
Où ira-t-on? à la Pointe-à-Pitre? non! les frégates n'y peuvent
aborder. Fatale erreur, qui, depuis, a été heureusement rectifiée.
On s'efforce de gagner la Basse-Terre. Les croiseurs anglais aper-
çoivent les deux flûtes, leur donnent la chasse, les rejettent dans une
anse appelée l'anse à la Barque et les serrent de si près qu'on est
réduit à les incendier avant d'avoir pu rien descendre à terre.

S'il avait été possible à ces deux divisions, ainsi qu'à la frégate la
Topaze, capturée peu auparavant tout près des côtes, faute d'un
lieu de refuge, d'entrer et de se mettre à couvert à la Pointe-à-Pitre,
l'amiral Troude, homme de résolution, aurait pris son temps pour
paraître à l'improviste dans quelques colonies anglaises et les ran-
çonner avant de revenir en France. De son côté, la colonie, pouvant
disposer de mille hommes de plus, des approvisionnements et du
matériel que ces divers bâtiments lui apportaient, aurait été à
même, grâce aux prévoyants efforts de l'Empereur, de faire tête
contre l'invasion à laquelle, ayant désormais perdu tout espoir
d'être secourue, elle devait bientôt après céder.

On était effectivement arrivé à ce moment où les généraux
anglais avaient jugé que le complet dénûment de la Guadeloupe et
les souffrances de tout genre résultant pour elle d'un blocus
devenu de plus en plus rigoureux, ne lui permettraient plus de
soutenir la lutte contre leur armée parfaitement équipée.

En janvier 1810, l'escadre de l'amiral Alexander Cochrane,
portant cinq mille hommes de débarquement, se présente, toute
menaçante, dans la baie du Gozier, près de la Pointe-à-Pitre. Toutefois, après avoir poussé en avant quelques reconnaissances, on recule
devant les difficultés d'une position que semble rendre plus formi-

dable encore la mâle contenance du bataillon des milices de cette ville déployé sur les hauteurs environnantes. L'escadre reprend le large, mais pour se rapprocher de la Basse-Terre où, en dépit de la ferme attitude des milices de cette partie de l'île et du brillant fait d'armes d'un officier supérieur de la garnison, enfant du pays, qui, un moment, met en pleine déroute toute une brigade anglaise, allait, plus facilement et peut-être même trop facilement, se décider le sort de la Guadeloupe, restée, de toutes nos colonies, la dernière à la France dans cette longue guerre maritime, recommencée à la rupture de la trêve d'Amiens et terminée seulement à la paix générale de Paris.

Cependant il est permis de croire que le capitaine général aurait, malgré l'extrême détresse de la colonie, triomphé des Anglais, ou du moins longtemps déjoué leurs efforts s'il avait su tirer parti de l'ardeur des troupes et des milices; car la Guadeloupe a, elle aussi, son *quadrilatère* dans cet espace, limité, à l'est, par la rivière du Bananier, qui borde les dangereux défilés du Trochient; à l'ouest, par celle du Galion, dont le cours est presque partout infranchissable et dont l'embouchure est au pied même du fort Richepance; au sud, par les montagnes de Houelmont, qui, tombant perpendiculairement sur la mer, rendent impraticable tout débarquement entre l'une et l'autre rivière; au nord, enfin, par l'inexpugnable plateau du Palmiste, qui, s'appuyant sur les contreforts de la Soufrière, ne peut être pris à revers et devient, dans l'hypothèse où les lignes que je viens d'indiquer ont été forcées, le dernier réduit d'une défense à laquelle l'épuisement des munitions pourrait seul mettre un terme.

Messieurs, permettez-moi, avant de finir, de vous parler encore de ce port, si dédaigné et par conséquent si négligé, de la Pointe-à-Pître, qui est pourtant d'une grande importance, non-seulement pour le commerce, mais pour les opérations de la guerre, et, comme vous venez de le voir, pour la défense même du pays.

Il a peu à craindre d'un bombardement du côté de la mer, à raison de l'épaisse ceinture de hauts-fonds et d'îlots dont il est entouré.

Les batteries, qui croisent leur feu sur la passe, en la prenant de flanc et en enfilade, opposent à une entrée de vive force dans ce magnifique bassin de redoutables obstacles, que l'ennemi le plus audacieux ne tentera jamais de franchir.

La Pointe-à-Pître est admirablement assise au centre de la colonie et à l'une des extrémités du bras de mer qui sépare la Guadeloupe proprement dite de la Grande-Terre et qui, pouvant être aisément ouvert à la grande navigation, offrirait dans ce cas aux bâtiments de commerce l'avantage d'abréger de deux ou trois jours leur traversée de retour, en opérant leur débouquement dans le canal d'Antigues ; et aux bâtiments de guerre celui d'avoir, pour se soustraire à la poursuite de l'ennemi, deux issues, fort éloignées l'une de l'autre et exigeant ainsi de ce dernier, pour être bien gardées, deux croisières : au nord et à l'est de l'île.

L'État a jusqu'ici peu fait et probablement ne fera rien en dehors de ses allocations ordinaires, sinon pour l'entretien, du moins pour la facile amélioration de ce port. En ce moment la colonie propose de prendre à sa charge la dépense nécessaire à ce dernier objet. Vous en savez, Messieurs, la raison. Il est, à mon sens, d'un immense intérêt pour la marine française de profiter des bonnes dispositions de la colonie. L'occasion est unique. Il est à croire, si on la laisse échapper, qu'elle ne se reproduira plus.

Que la guerre vienne alors à éclater et que la Martinique soit de nouveau enlevée à la France, nos vaisseaux, comme par le passé, ne trouveront, soit pour se lancer sur l'ennemi, soit pour se dérober à l'ennemi, aucun point d'appui ou abri dans les mers des Antilles.

PARIS. IMP. PAUL DUPONT, RUE DE GRENELLE-SAINT-HONORÉ. 45 (1251)